笑いとしあわせ

こころ豊かに生きるための笑方箋

NPO法人健康笑い塾 主宰
日本笑い学会 理事
中井宏次

春陽堂

笑いとしあわせ

こころ豊かに生きるための笑方箋

NPO法人健康笑い塾 主宰
日本笑い学会 理事
中井 宏次

春陽堂

はじめに――幸せの極意

「今、あなたは幸せですか」。「ハイ」とお答え頂いた方は、もっと「幸せ」に、「イイエ」と答えて頂いた方は、必ず「幸せ」になれるのがこの本である。先ずは、この本を今、手に取られていることが、「幸せ」の始まりである。

さて、「幸せって何?」って聞かれたら、相田みつをさん(1)の言葉「**しあわせは　いつも　じぶんのこころがきめる**」と答えている。たとえ、お金がなくても「幸せ」と思う方もいれば、大金持ちでも「不幸」と思う方がいるように、すべてじぶんのこころが決めているのである。大学で学生に何でもいいから「幸せ」と感じることを5つあげてもらうと、「ご飯が食べられる」、「よく眠れる」、「靴下脱いだ時」、「お風呂に入った時」、「家に帰って『ただいま』と言ったら『お帰り』と言ってもらった時」等、「幸せ」は身近にたくさんある。その後に、自分が気づいていない「幸せ」を、学生で討論して、その「幸せ」を20個にしてもらう。10個以上になると、「両親が元気なのが幸せ」、「学校に行けるのが幸せ」と「幸せが感謝」に変わり、また、「電車で席を譲って喜ばれた時が幸せ」「おばあちゃんの肩を揉んであげた時『ありがとう』と言われた時が「幸せ」と「幸せが奉仕」に変わる。人生には様々な幸せがある。「幸せですか」と聞かれたら、日本人は、謙遜で美徳を重んじる国民だから、「幸せです」とはなかなか答えないが、思いきって「幸せです」と答えてみたらどうだろうか。その時、脳が「幸せ」と感じ、今の「幸せ」を自分で探すようになる。

でも、どん底で、どうしても、「幸せ」と思えない時がある。そんな時、私は、いつも、野口みずき（アテネ五輪金メダリスト）引退の記者会見の言葉を思い出す。「**栄光もどん底も『幸せでした』**」。どん底は自分が勝手に決めているだけで、もっとどん底の人からみれば、「そんな贅沢な」と思われることが多い。どん底の時でも「幸せ」はたくさんある。

その「幸せ」を、また、次の「幸せ」へ繋げていけばいいのである。人は誰もが「幸せ」になりたい。そのためにまず、「私は幸せ」と思えばいいのである。お金もいらないし、思えば直ぐに「幸せ」になれる。「幸せ」と思う（感じる）ことが大切である。「**人は思った通りの人間になる**」。「私は幸せです」と思うと、「幸せエネルギー」が湧いてくる。

今やるべきことをやり、愛する人を大切にしていると、「幸せホルモン」のセロトニン、オキシトシンなどが分泌され、嫌なストレスから解放され、健康になり、幸せな人が集まり、人間関係が良くなり、おのずと「幸せ」になってくる。そして「仕事は楽しく　人生はおもしろく」なると、ますます「幸せ」になる。このような「幸せ」の循環が始まると、「幸せ」が当たり前になり、日々の「幸せ」を感じなくなる。ふと、気づいた時、「幸せだった」。これが、「**幸せの極意**」である。今回は、この本を「幸せの笑方箋」として、ご活用頂けましたら大変幸甚である。

目次

Ⅱ 幸せになるために

3. 人とつくる幸せ……76

本文イラスト　もろいくや

Ⅰ　幸せとは

昭和20年に戦争が終わり、国の施策が、「強い国から豊かな国へ」と大きく変更され、一流大学（偏差値の高い）を卒業して一流会社（一部上場）で働き、結婚して、マイホームを建てる。というのが「**幸せの方程式**」であった。しかし、何故か、国民全体は「幸せ」でない。

２０１６年度版の「世界幸福度報告書」（2016 World Happiness Report）が発表された。世界で「最も幸せな国」にデンマークが輝き、続いて2位には僅差でスイスがランクイン、以下アイスランド、ノルウェー、フィンランドと、上位の多くを北欧諸国が占めた。日本は残念ながら**53位にランクイン**、昨年の46位から順位を7つ下げた。日本のＧＤＰ（国内総生産）は、アメリカ、中国に次ぎ第3位になり、経済的に大きく成長し、戦争もない豊かな国になった。

それなのに、どうして私たちは「幸せ」を実感できないのか。「**幸せの方程式**」が大きく変わってきているように思う。

幸福とは、ショーウィンドーの中の品物のように、あなたが選び、金を払い、持ってくることのできるものではない。（中略）幸福は、あなたがそれを手にしているときでなければ幸福でない。（中略）幸福とは、褒美を求めなかった人たちのところへ来る褒美なのだ。

アラン「幸福論」より⑵

1．お金があれば幸せか

◆年収と幸福度の相関関係

２０１０年に米国プリンストン大学のダニエル・カーネマン教授とアンガス・ディートン教授らが、米科学アカデミーに発表している。２００８年から２００９年にかけてアメリカ人45万人超に対して、調査会社を通して電話調査を行い、そのデータから年収と幸福度の相関関係について分析したものだ。

それによると感情的幸福は、年収７万５０００ドル（約７５０万円：１ドル約１００円）までは収入に比例して増えるが、それを超えると比例しなくなる。日本と米国では物価や文化も為替レートも違うため、日本人にとってどのくらいの年収がいちばん幸福感を得られるのかは一概には言えない。

日本の平均世帯年収は約５５０万円で、米国と同じく平均より少し上がいちばん幸せだとすると６００万円くらいかもしれない。また、世帯年収１０００万～１２００万円が最も幸福感が高いという内閣府の調査（平成26年2月14日発表）もある。同調査によると、収入がその額を超えると幸福度はなだらかに低下していく。宝くじ10億円が当たっても幸福度は変わらないかもしれない。

◆イースタリン・パラドックス

1973年に、「Does money buy happiness?」（お金で幸せは買えるだろうか？）という論文が雑誌『Public Interest』に掲載された。論文を書いたのは、アメリカのリチャード・イースタリン教授で、「一人当たりのGDP（国内総生産）が増加しても、国民の幸福度や生活満足度は必ずしも向上しない」と発表した。この現象は、イースタリン・パラドックスといわれている。

人生の前半は　お金と権力を得るために時間を使い
人生の後半は　お金と権力を使って時間を得る

ニコラス・ネグロポンテ（MIT メディアラボ創設者）

2. 人生を幸せにするのは何？
～最も長期にわたる幸福の研究から～

（2016・05・12 放送「スーパープレゼンテーション：史上最長の研究が明かす 幸福な人生の秘密」より抜粋）

ハーバード大学の心理学者ロバート・ウォールディンガー氏（4代目の研究リーダー）による、1938年以来、成人を追跡したハーバード成人発達研究である。75年間724人の男性を追跡し、休むことなく仕事や家庭生活・健康などが記録されている。その結果は、私たちを健康に幸福にするのは、富でも名声でも無我夢中で働くことでもなく、「**良い人間関係に尽きる**」ということであった。周りとの繋がりは健康に本当に良いということ、孤独は命取りで、家族・友達・コミュニティとよく繋がっている人ほど身体的に健康で、「幸せ」を実感しており、繋がりの少ない人より長生きするということがわかった。特に、ここで重要なことは、友人の数ではなく、生涯を共にする相手の有無でもなく、「**身近な人たちとの関係の質**」なのである。

例えば、愛情が薄い喧嘩の多い結婚は、健康に悪影響を及ぼし、恐らく離婚より悪いであろう。愛情のある良い関係は人を保護する。良い関係は身体の健康だけでなく、脳をも守ってくれる。何かあった時、「**本当に頼れる人がいる**」と感じている人の記憶は、はっきりしている。一方「パートナーには全く頼れない」と感じている人には、記憶障害が早期に現れ始めている。

一番幸福な人は、定年退職前後から、仕事仲間に代わる新しい仲間を自ら進んで作った人たちである。この研究の参加者の多くは、彼らが青年期に入った時、名声や富や業績が、良い生活をするには必要なものだと、本当に信じていたが、75年もの間、この研究で繰り返し、繰り返し示されたのは、最も幸せに過ごしてきた人は、「**人間関係に頼った人々だ**」ということであった。それは家族・友達やコミュニティ等様々である。

「世界で最も貧しい大統領」といわれるウルグアイ前大統領ホセ・ムヒカ氏が幸せになるための条件として次の5つをあげている。

①愛を育むこと　②人間関係を築くこと　③子どもを育てること
④友達を持つこと　⑤必要最低限の物を持つこと

ホセ・ムヒカの言葉より③

3．幸せを感じる

温泉に入っている時、気持ちいい、快適さを思わず「幸せだなあ」と歓ぶ。また、新幹線の最終に乗り遅れそうな時、急いで行ったら、間に合った。思わず「ラッキー、これが最後の**のぞみ**でした？」と歓ぶ。この「歓び」は、自然とのふれあい、人間とのふれあいによるこころの躍動感であり、願いが叶った時の感動でもある。この「喜び」は、外部からの快適な反応で、一過性の身体の興奮である。他にも「慶ぶ」、「悦ぶ」があるが、今回は、これらすべての「よろこび」を「幸せ」と捉えていくことにする。

1　あなたの幸せ

◆幸せカードをつくる

あなたの幸せを思いつくままに20個書いてください。

（人からに教えてもらって気づいた幸せでもいいですよ）

幸せカード

（　年　月　日）

①	②	③	④	⑤	⑥

【幸せの例】

①夫婦円満である　②一家団らんである　③すやすや眠る赤ちゃんを見ている時　④思い出のアルバムを見ている時　⑤子どもが入学した時　⑥おばあちゃんとおしゃべりしている時　⑦目標の学校に合格した時　⑧寄付をした時　⑨新しいことに挑戦している時　⑩新しい知識を得た時　⑪自分の好きな仕事ができている時　⑫楽しい講義を聞いた時　⑬人に教えている時

⑦	⑧	⑨	⑩	⑪	⑫	⑬	⑭

⑭人生の選択肢があること　⑮嫌いな仕事を辞めた時　⑯休日の朝　⑰自分の意見が採用された時　⑱職場が楽しい時　⑲嫌いな上司が休みの日　⑳気（趣味）の合う友達と会話している時　㉑ラブレターを貰った時　㉒人に笑わせてもらった時　㉓人を笑わせた時　㉔サプライズディナーを頂いた時　㉕誕生日のお祝いを貰った時　㉖同窓会で懐かしい会話をしている時　㉗好物をお腹いっぱい食べた時　㉘町内のお祭りを楽しんだ時　㉙四つ葉のクローバーを見つけた時　㉚自転車でブレーキを踏まずに坂道を下る時　㉛温泉に入っている時　㉜海で朝日、夕

⑮	⑯	⑰	⑱	⑲	⑳

日を見ている時　㉝海に潜った時、山の頂上に立った時　㉞男の手料理を楽しんでいる時　㉟珍しい手土産を頂いた時　㊱席を譲って「ありがとう」と言われた時　㊲自分へのご褒美をした時　㊳プロジェクトをやり遂げた時　㊴仕事で褒められた時　㊵昇進した時　㊶上司から仕事を教えてもらった時　㊷我が家を購入した時　㊸仕事があること　㊹毎月給与が振り込まれること　㊺我が子が「賞」を貰った時　㊻孫と遊んでいる時　㊼金婚式を迎えた時　㊽１００歳まで生きた時　㊾水道の水が飲める　㊿戦争がない

2　幸せを分類する

人はどんな時に「幸せ」を感じるのだろうか。次の5つに分類してみる。

①己に与える幸せ（自己投資）：一番身近に感じる幸せである。自己へのご褒美、ものを買う、旅行に行って楽しむ、学校に通って学ぶ、様々な経験を積むなどたくさんある。

②人に与える幸せ：人に施しをした時、人のためにお金・時間を使った時、人に親切にした時、「ありがとう」と感謝された時、また、人の話を聴いてあげることも、人に与える幸せである。これらの人に与える幸せを総合すると、「人を育てる幸せ」になる。別の言いかたをすれば、「人が生きるためのお手伝い」と言うのがわかりやすいかもしれない。人間は、子孫繁栄、次の世代を育てることは、遺伝子の中に組み込まれているのである。

③人とつくる幸せ：人は人の幸せな顔を見るだけで幸せになる。幸せな場にいるだけで幸せになる。まずは、身近な幸せは、夫婦円満、一家団欒、楽しい学校、やりがいのある職場から始まる。

④人から頂いた幸せ：与える幸せと相反することが多い。例えば、親切にされる、育てて頂く、お世話になる、寄付して頂く等。人は弱いものである。人と助け合って生きて行かねばならない。人からたくさんの幸せを頂き、また、自然からもたくさんの幸せ（恵み）を頂き、生きているのである。

⑤気づいていない幸せ：まずは「生きている」という幸せがある。そのためには、酸素がある。当たり前すぎて誰もが気づいていないかもしれない。他に、日本は、戦争がない、治安がいい、水道の水が飲めるなどの当たり前のことは、無くなった時に初めて気づくのであるが、日頃からその「当たり前の幸せ」に感謝したいものである。

あなたの幸せ20個を「幸せ分類カード」に分類してみてください。
（【幸せの例】の50個を分類してみる）

・幸せ分類カード

●己に与える幸せ	⑦⑨⑩⑪⑫⑭⑮⑯㉗㉙㉚㉞㊲㊷
●人に与える幸せ	⑧⑬㉓㊱
●人とつくる幸せ	①②⑧⑱⑳㉖㉘㊱㊻㊼
●人（自然）から頂いた幸せ	③④⑤⑥⑰⑲㉑㉒㉔㉕㉛㉜㉟㊴㊵㊶㊸㊹㊺㊽
●気づいていない幸せ	㊽㊿

◆あなたの幸せは　どんな幸せが多かったですか

どの幸せが多いのか少ないのかは問題ではない。大切なことは、「幸せ」がたくさんあり、己が如何に「幸せ」であるかを実感してほしい。次に、己の幸せの傾向を考えてみる。**「己に与える幸せ」**が多い人は、**「人に与える幸せ」**、**「人とつくる幸せ」**も考えてみる。ヒントは**「人（自然）から頂いた幸せ」**にある。如何に、たくさんの「幸せ」を頂いているかを実感し、己が「幸せ」を感じることを、人に与えてみる。しかし、そこには落とし穴がある。己が「幸せ」と感じることが、他の人すべてが「幸せ」と感じるかどうかは疑問である。そこで、大切なことは、相手が何を望んでいるのかをよく考え、相手の立場に立った行動をすることである。

最後は、**「気づいていない幸せ」**にもっと気づいてほしい。これが世界の幸せ、地球の幸せに繋がるように思う。「幸せ」に、大きな幸せ、小さな幸せはない。人生には、たくさんの「不幸」もあるが、それ以上に「幸せ」があれば「幸せ」である。まずは、己の「幸せ」の分類をしてみることである。そうすれば、明日からの人生が変わる。

人間万事塞翁が馬（にんげんばんじさいおうがうま）

人間万事塞翁が馬とは、人生における幸不幸は予測しがたいということ。幸せが不幸に、不幸が幸せにいつ転じるかわからないのだから、安易に喜んだり悲しんだりするべきではないというたとえ

Ⅱ 幸せになるために

1. 己に与える幸せ

己に与える「幸せ」「ご褒美」には、物だけではなくいろいろなものがある。ここでは、お金もいらず、すぐに実践ができ、様々な効果のある「笑い」等を取り上げる。

1 幸せだから笑うのか

「笑うのは幸福だからではない、むしろ、**笑うから幸福なのだ**と言いたい。食べることが楽しいように、笑うことが楽しいのだ」(アラン『幸福論』(4))がある。「幸せ」は実態がなく人が感じる感情である。感情は、ある動きがあって感じるものであるから、「笑うから幸福なのだ」は理解頂けると思う。人間はどんな状態の時に「幸せ」を感じるのか。その一つに、人間には必ずあるストレス(苦痛や不快)を解消すれば、「幸せ」を感じることができる。人間は、人として生まれて、人間として生きていく。「人の間」で生きている限り、人間関係のストレスが必ずある。他に、寒い、暑いなどの身体的ストレス等、様々なストレスがある。そのストレス解消（快笑）手段として、神様が人間だけに与えてくださったのが、「笑い」と「泣く（涙して）」である。よって、最高の笑いは、**涙が出るくらい笑う**ことである。

①笑うのは人間だけなのか？

(Feb.7sun-20sat,2016 The Asahi Shimbun Globe より抜粋)

ヒトは笑う。まだ視力の発達していない生まれたばかりの赤ちゃんが見せる「新生児微笑」は、笑いが人間の遺伝子に組み込まれた本能的な営みであることを示しているという。笑うのは人間だけなのだろうか。京都大学霊長類研究所教授の正高信男《まさたかのぶお》によると、サルは笑わない。喜怒哀楽の「喜」と「楽」の感情、おかしみの感情がないという。加えて「硬いものをかむために側頭部が非常に発達した結果、繊細な表情筋がつく余地がなく、笑い顔をつくることができない」のだ。（中略）京都大学名誉教授（実験心理学）の苧坂《おさか》直行《なおゆき》によると、笑うと脳の内側前頭前野が活性化する。この部分は相手の心を理解する領域だ。ほとんどの笑いは相手があってはじめて生まれるものでもある。苧坂は「笑いは他者との共感を生み出す社会的スキル」だとし、人間が笑う理由について、こんな仮説を述べた。「社会の中で生きる人間はそもそも他者と共感したいという心理がある。気持ちが通じ合うと愉快になり、笑うと心の結びつきはより強くなって、利他的な協力が可能になる。協調は社会を進歩させる。笑いは、豊かな社会を育む生存の方略だといえる」（中略）「笑い」は、人間を人間たらしめている高度なコミュニケーションなのだ。（中村裕）

◆ニホンザルにも赤ちゃんの微笑

生後まもない赤ちゃんが微笑む「自発性微笑」と呼ばれる動きが、ニホンザルの赤ちゃんにもあることを、京都大学霊長類研究所の友永雅己教授（比較認知科学）らの研究チームが確認した。ヒトの笑顔の起源を解明する手がかりになるという。3日、国際学術誌プリマーテス（電子版）に掲載される。
（朝日新聞　2016・8・4）

②笑うとストレスが解消できるのか？

吉野槇一先生(5)は、「脳内リセット理論」で次のように述べている。「私は、楽しく笑うと頭のなかが真っ白になり、嫌なことなどすべてを忘れ、前頭葉から発する精神的ストレス刺激が無または減少するとともに、笑いの中枢ならびにその付近が興奮して、前頭葉からの精神的ストレス刺激の情報が下方に伝達されなくなり、神経・内分泌・免疫系の対話が一時的にリセットされ、正常化に向かうのではないかと考えました」。また、「深い睡眠」「涙して泣く」も効果があることを述べている。

③「病は気から」は本当か

現代社会は、ストレス社会といわれ、私たちの日常会話の中でも、頻繁にストレスという言葉が飛び交い、いつの間にか、ストレスはあらゆる病気に関係しているという説も常識化している。「病は気から」といわれ、本当にストレスが病気の原因なのか。また、笑えば、ストレスを緩和して病気の予防になるのか。それが本当なら、多くの費用を使わずに、日本の医療費を大幅に削減でき、国民生活が豊かになる。

昔から「病は気から」と言われており、経験的にわかっていたが、まだ十分に解明されていなかった。**平成26年11月25日**、科学技術振興機構（JST）は、大阪大学免疫学フロンティア研究センターの鈴木一博准教授らの研究グループが、交感神経が免疫を調節する分子メカニズムの一端を明らかにしたと発表した。今回の研究結果は、交感神経によるリンパ球の体内動態の制御が、ストレスが加わった際に完成防御という免疫の本来の機能が損なわれる、つまり「**ストレスによって免疫力が低下する**」ことの一因となる可能性を示している。

つまり「病は気から」を明確な分子の言葉で語ることが可能になると予想

され、ストレス応答を人為的にコントロールするという新しいコンセプトに基づいた病気の予防・治療法の開発に繋がるとしている。

④ 笑うと副交感神経が活性化し免疫力が向上する

中島英雄先生(6)は、「様々な実験を行ってきたが、笑いは人間の身体を副交感神経支配（リラックスモード）にするという結果が出た。更に脳波や神経伝達物質の実験結果から『交感神経支配もある程度増え適度に活性化し更に拮抗的に働くべき副交感神経支配即ち癒しも適度に行われる』と不思議というよりある意味合理的な作用を持っているのではないかと思われた。

更に笑いには人間の身体や精神に対する一種の生体防御機構のような働きがあって、笑うことによってこれから防御する働きをするのであろうと思われる結果が数多くみられた。従って人間が500万年の間進化してきた過程で滅亡しなかった一つの理由として『笑う』ということを獲得したおかげであるといっても過言ではないであろう」と述べている。

伊丹仁朗先生他(7)は、「笑うと細胞やウイルスを攻撃するナチュラルキラー（NK）細胞が活性化し、免疫力が上がるのか」という臨床実験を行った。手法として20歳から62歳までの男女19人の血液を採取し、吉本新喜劇、漫才、落語を聞いた後、彼らのNK細胞が活性化したかどうかを調べてみると、測定できなかった1人を除いた18人のうち、14人の値が上昇していた。笑うとNK細胞が活性化し、免疫力が上がるという事が、医学的に実証された臨床実験である。

安保徹先生(8)は、「笑いは究極のリラックス法です。副交感神経を最高に優位にしてくれます。笑いすぎると、よく涙や鼻水が出てきます。これは、副交感神経が最大限の刺激を受けて、分泌されたからです。**笑いの反対に位置するのが、ストレスです**。ですから、病気を治したり予防したりするためには、副交感神経を優位にして、顆粒球の増加を抑え、活性酸素の大量発生を防ぐことです。そのためには、ストレスの逆、つまり笑いが大きな効果を発揮するのです。落語でもお笑いでもなんでも結構です。ぜひ、生活の中で、笑いの機会を増やす工夫をしてみてください」と述べている。

⑤ 笑いは認知症予防に効用はあるのか

今や認知症が大きな社会問題になっている。認知症予防に対して様々な試みがなされている。笑うと脳が刺激されて、脳内の血液が増え脳を活性化する。脳が活性化すると栄養素や酸素などの補給がよくなり、脳細胞の働きが活発になる。笑いは認知症予防に効果的である。大平哲也先生(9)は「大阪府民が対象の調査で、高齢者ほど笑わない傾向があることがわかった。同じ高齢者でも『ほとんど笑わない人』は『ほぼ毎日笑う人』に比べ、二倍以上に認知機能低下の症状があり、外出の機会も少なかった」「笑いが認知症を改善するとはいえないが、予防にはつながる。作り笑いも本当の笑いと同じ効果がある」と述べている。

【参考】交感神経と副交感神経の主な働きの違い

交感神経は、活動している時、緊張している時、ストレスを感じている時に働き、**副交感神経**は、休息している時、リラックスしている時、眠っている時に働き、交感神経の逆の作用をしている。この両神経のバランスが崩れることによって、発病し、バランスを整えることによってストレスの軽減になり病気を治しているのである。

	主な活動	瞳孔	消化機能	心機能	血管
交感神経	活動時（日中）	散大	抑制	更新	収縮
副交感神経	休息時（睡眠）	縮小	促進	抑制	拡張

2 どのように笑えばいいのか―脳に「私は幸せ」と思わせる

皆さん、「笑っていますか？」。即座に「はい」と答えられた方はどれぐらいおられるだろうか？ そもそも、笑いは興行・テレビ等で笑わせてもらうもので、理由なく自発的且つ積極的に笑う事は不自然である、と思われている方もおられる。しかし、私の笑いの定義とは、そのような「笑わせてもらう」という受け身の笑いではなく、「**自ら笑う**」ことによって、体からエネルギーを放出し、索漠とした人のこころに潤いを与え、人によっては癒されると考えている。笑顔（いい顔）だけが世界人類に通じる万国共通の意思表示である。今日から早速、意識して笑って頂きたい。必ず、相手も貴方の笑顔（いい顔）に答えてくれるはずである。それが「**笑顔のこだま**」となるのである。

◆顔が笑う―表情を豊かにする

まず、朝、鏡を見ながら30秒顔の体操をする。大切なことは、顔の筋肉をリラックスさせて笑える顔にしておくと表情が豊かになる。

・「あえいおうあお」と大きく口を開けて言う

・舌で、えくぼのできる（笑筋）ところを舌で押し上げる。（舌を回わす）

・耳のツボを引っ張る。ツボは脳を刺激するので、思いっきり引っ張るとよい。

・シワをのばす。シワは下へ伸ばすのではなく、上へのばす。

・「はひふへほ」で笑う。

「ハッハッハ、ヒッヒッヒ、フッフッフ、ヘッヘッヘ、ホッホッホ」と五回笑う、大きな声を出さなくても良い。大切なことは、笑っている自分の顔を鏡で見ること。笑っている自分の顔を脳にしっかりインプットする。続けていく内に、自然と笑顔（いい顔）になっていき、表情が豊かになり、脳は「幸せ」と

思い活性化する。

朝、顔の体操をすると、出勤した際に、自然に笑顔（いい顔）で挨拶でき、良きコミュニケーションができる。朝の挨拶で、一日が楽しくなる。寝る前も同じ体操を繰り返すと、一日中のストレスが笑顔（いい顔）で吹っ飛び、よく眠ることができる時もある。

3　自分を褒めてやる

朝の顔の体操の後に、鏡に写っているもう一人の自分を褒めてやる。鏡を見ながら「仕事頑張っているね」「成績凄いね」「私はできる」と自分を褒めてやると、脳は「それを成功させる為に何をすべきか」を考え始める。「私はできない」と言うと、脳はできない理由を考える。その後、鏡の中の自分の顔を見ること、本当に素晴らしい「いい顔」をしている。その「いい顔」をしっかり頭にイメージすること。自然と自信に溢れた「いい顔」になってくる。それがあなたの「幸せの顔」である。そのあなたの「幸せの顔」で、「幸せの循環」が始まる。

また、ストレス社会、嫌なことがたくさんある。そんな時、朝、鏡に写っているもう一人の自分に、「嫌なこと」をすべて言うと、鏡に写っているもう一人の自分が、「そんな嫌な顔をするな！」と言ってくれる。その時「笑わねば！」と笑うと、脳が活性化され、また、良きアイデアが浮かんでくる。

まずは、鏡に写っている**己と対話する**ことである。己との対話ができなければ、他人との対話もできない。鏡に写っている己は、嘘をつかない。正直な己である。

最後に、鏡に向かって「私は幸せです」と言うと、その時から、あなたの「幸せ」が始まる。このことは、日々の積み重ねであり、ただ、ただ継続が最低条件である。

いつも幸せな自分の顔を見ていると、自然と、**自分の顔が好きになる**。このことが大変重要である。自分の顔が好きになると、他の人の顔も自然と好きになる。嫌いな人なんていない。自分が勝手に「嫌い」と思っているだけである。

4　小さな成功体験を積み重ねる

今日は何時に起きよう、あの道を通って駅に行こう、あの電車に乗ろう、階段は歩こう、今日は一日怒らないでおこう、昼ごはんはあの店のラーメンを食べよう等、すぐに実現可能なことを計画して、実行して、成功体験を積み重ねる。些細なことであるが、この成功体験が、「私はできる」を脳に教え込む。そして、目標を次の段階へと上げていけばいいのである。その時、前項でも書いたが、脳は「目標を達成する為に何をすべきか」を考えてくれる。「まず、今日から今から」実行することである。

この行動が習慣になり、大きな自信となり、人生が変わり、「幸せ」へと繋がる。

『心が変われば行動が変わる。行動が変われば習慣が変わる。習慣が変われば人格が変わる。人格が変われば運命が変わる。』

ウィリアム・ジェームズ（心理学者・哲学者）

5　自己投資：学びの場に行く、旅行に行く、経験を積む

人が「幸せ」を感じることの一つに「学ぶ・知る」がある。その証拠に、子どもが「あれ何、どうして、何故?」とたくさんのことを質問してくる。「学ぶ・知る」を嫌いな人はいない。ただ、「学ぶ・知る」機会がないだけである。「何のために学ぶのか」も大切であるが、学んでいる内に、己の本当に学びたいものが見つかるかもしれない。まずは、学びの扉を開けてみる。そんな自己投資も楽しく、「幸せ」への近道である。

旅行は、見知らぬ土地に行き、初めての経験をすることがある。人は、自分の持っていないものを持つと「幸せ」になる。お金持ちの人はお金以外のものを求める。行きたい場所、欲しい物を手に入れるのも良い。経験したことのないことを経験するのも良い。それらすべてが、自分へのご褒美と同時に自己投資でもある。「何ができる」のではなく、「**何がしたいのか**」、「他人

がどう思うか」ではなく、「**自分がどう生きるのか**」が大切である。

2．人に与える幸せ

人に「幸せ」を与えるには、まず、己が「幸せ」でなくてはならない。不幸な人から頂いたものは、それは、単なる「もの」である。幸せな人が、誕生日プレゼント、席を譲る、良き歌を聞かせる、演劇を演じる、ボランティア等、自分でできる小さなことであっても、与える（行動する）ことによって、相手が、笑顔になれば、「幸せ」を与えたことになる。たとえ、それが、作り笑顔であっても、「幸せ」はいつか通じる。また、与えた人は相手の笑顔を見て「幸せ」を感じ、また、「幸せ」になる。今回は、たくさんの与える幸せの中から、人間として一番大切な「育てる幸せ」を取り上げてみることにする。**「幸せな人を育てない限り、己は幸せになれない」**。まずは、「己が生き生きと生きる」ことから始まる。

1　子どもを育てる──脳の発達

平成21年に文部科学省幼児教育課が「**幼児教育の無償化の論点**」を発表した。特にゼロ歳〜3歳期の教育の重要性は、大脳生理学の発達によってあきらかにされ、**人間の脳は3歳までに80%、6歳までに90%、12歳までに100%完成する**。爆発的に増加するゼロ歳〜3歳期の幼児の脳内シナプスに、幼児が遊びと感じ、楽しみながら学べる情報をどんどん与えることで電気的刺激を与え、脳の機能を高める教育（脳内のシナプスをどんどん増やし脳内細胞の結合を促進する）、知識を詰め込むような早期教育ではなく、「適期教育」を行うことが重要である。

脳の発達は、12歳までに100%完成する。それ以後は発達しないのではなく、コンピューターでいうと、12歳までにハードが出来上がる。いわゆる、容量である。これまでの容量を大きくしておいてやると、その後のソフトが入りやすくなり、様々なソフトが、より脳を活性化させてくれる。子どもが、「もう頭がパニックや」と言うことがある。その子の頭（脳）は、容量が小さいのである。新しいソフトが入らない。そんな時は、いらないソフトを削除すればいい。要するに、「覚える脳」から「考える脳」に変えていくことである。

◆幼児期のストレスは2つある

・「頑張るストレス」：親の期待を背負いながらの勉強や習いごとに頑張る。頑張ってもなかなかできない。そのできないストレスに対抗しながら目標を目指している。その時のストレス解消法として泣く（涙）がある。その涙を乗り越えて、強く逞しく育っていくのである。子どもに「泣くな」ではなく、泣きたい時は思いきり泣かせてやることが大切である。

・「我慢するストレス」：子どもたちは、我慢することによって、人との違いや社会の仕組み、「己は何なのか」を学んでいくのである。特に、我慢するストレスの悪い例は、お父さんお母さんの仲が悪く、いつも喧嘩している様子をみている時である。その時「いやだな」と我慢することが、一番脳の発達に悪いのである。

12歳までに脳容量を大きくする3項目

①よく笑う　↓　笑う子は育つ。

②五感で自然を感じ、何故？を大切にする。

③お父さん、お母さんの笑顔が一番である。

2　優しい人財を育てる—こころが笑う五感

結婚適齢期の女性に「理想の男性は?」と聞くと、ほとんどの人が「優しい男性」と答える。優しい人とは、「何にでも言う通りにしてくれる人」ではなく、五感で自然を感じ、自らあらゆるものに感動し、感謝できる人である。感動できない人は、相手の立場に立てず、人に感動を与えられない。感動には、「美味しい」「嬉しい」「楽しい」等のプラスの感動や「悲しい」「苦しい」「辛い」等のマイナスの感動もあるが、それは、いずれ、「嬉しい」「楽しい」の感動に変わる。感謝できる人とは、素直に「ありがとう」が言える人である。そこにもう一つ「強さ」が加わると「本当の優しさ」になる。その強さとは、「相手を幸せにしたいという心」である。このような人はいつも、**こころが笑う五感**＊で行動している。

- 優しい　＝感動＋感謝＋強さ
- こころが笑う五感とは　耳↓傾ける耳、目↓涙する目、口↓意見が言える口、鼻↓場を嗅ぎ分ける鼻、手↓差し伸べる手

人材と人財の違い

- 人材＝単なる材料（替わりがある）
- 人財＝貴重な財産（替わりがない）

3　ストレスに強い人財を育てる――悩みと迷いは違う

人間の脳は、爬虫類、哺乳類、人類と大きく進化してきた。例えば、哺乳類が脳にストレスが溜まる時、シマウマを例に取ると、彼らが一番ストレスを感じる時は、ライオン等に追いかけられて襲われた時である。しかし、一匹のシマウマが襲われた後は、不思議とシマウマとライオンが一緒に歩いている。ライオンの凄いところは、満腹の時は食べない。満腹の時でも食べるのは人間だけである。

次に、シマウマの凄いところは、襲われたことを「**忘れる**」ことである。これが、人間だったら、「襲われたら……、草がなくなったら……」等を心配する。シマウマは草がなくなったら、草のある所に移動する。ところが、人間は、いつまでも「どうしたらいい……」「このままでは死んでしまう」等と心配する。心配しても何も解決しないことを悩み、ストレスが溜まり、それがうつ病、自殺へと進んでいくのである。大切なことは、その「悩み」を「**迷**

い」に替えることである。

①仕事で失敗した時

仕事に失敗した。「上司に叱られる、左遷される、給料が減る、生活ができない、家庭が崩壊する……」と、永遠に悩みつづけてもなんの解決にもならない。この例からもわかるように、上司は「叱る、左遷する。給料を減らす等」は言っていない。**人は悩んでいる時は自分で答えを出している**ので、部下が悩んでいる時、上司の悩み相談（アドバイス）は何の役にも立たない、何の解決にもならない。それを「**迷い**」に替えることである。

失敗の原因は、その改善策は、まず、何をすべきか……AかBかと迷った時、上司のアドバイスが必要なのである。己の「迷い」に気づいたら、その方向性を上司と相談しながら決めればいいのである。上司は、こころが笑う五感で、部下と対応すると、新しい発想（アイデア）が生まれる。その「迷い」を解決するのに、大切なことが2つある。

一つ目は、予算や納期、設備等様々な実現ファクターはあるが、それ以前に大切なことは、「おもしろいなあ」である。人は、「おもしろい」と感じると、脳が活性化し実現の方向に考えてくれる。

二つ目は、自分で決めさせることである。決めるときに大切なことは「それが人様、世の中の役に立つかどうか」である。

おもしろくて、世の中に役に立つことが決定したなら、「**おもしろいなあ、いっぺんやってみ**」と言ってやると、より効果的である。次に、予算、設備、納期等を決める。決して、予算、設備、納期等有りきで決定しないこと。そうしないと、自由な発想ができない。「できること」より「**やりたいこと**」が大切である。自分自身で決めたことは、自信を持って諦めず最後までやり通す。「**自信満々　謙虚であれ！**」が、「成功」・「幸せ」への近道である。

②人間関係で悩んでいる時

心理学者のアドラーは「すべての悩みは対人関係の悩みである」と言って

いるように、人間関係ほど難しいものはない。「私は上司に嫌われている。周りの人とは上手く話せない」と自分勝手に悩んでいても答えは出ない。人間関係の悩みは解決できない。何故、悩むかといえば、「**仕事を上手にやりたい**」からである。それなら、仕事の「迷い」を上司や周りの人に相談すれば良い。それが、あなたが、今やるべきことである。人間関係が解決したら仕事が上手くいくのではなく、仕事が上手くいくから人間関係が良くなり、また、その関係が深まるのである。大切なことは、過去、未来より「**今でしょ**」。

おいしくて体に悪いものを食べて病気になるか、
まずくても体に良いものを食べて健康でいるか。
食べ物も人間関係も同じ。

美輪明宏（日本のシンガーソングライター、俳優、演出家／1935～）

・結婚相手をAかBで悩んでいる時。これも仕事と同じで、Aならこんな条件、Bならこんな条件ではなく、「その人と一緒に居れば、人生が楽しいか・おもしろいか・幸せか」が決まれば、生活設計を一緒に考えればいいのである。先に「条件」ではなく、「幸せ」である。

③悩みを迷いに替える方法

・悩んでいる嫌な顔を鏡で見ると、鏡に写っているもう一人の自分が、「そんな嫌な顔するな」と注意してくれる。その時、**「私は絶対に不幸にならない。必ず幸せになる」**と言い、笑う。⬇脳が活性化して、「幸せ」になる方法を考えてくれる。

・自分は「何を悩んでいるのか」ではなく、**「何を迷っているのか」**と自問自答する。⬇迷いがわかったら、一番信頼できる人に相談する。

・温かい物を飲んで身体を温める。運動（散歩）して気分転換をする。⬇身体を温めると免疫力が上がり、ストレス抵抗力が増す。

	過去	現在	未来
悩み	後悔	―	失望
迷い	反省	今でしょ	希望

【参考】

オープンアカデミー研究所所長小林剛氏(10)は、迷いと悩みについて次のように書いている。「**迷い(perplexity)とは**、自分の進むべき方向、自分が選択すべき手段について、自信を失ったときの心の戸惑いである。迷うことは前向きに人生や仕事を捉え、前進しよう、向上しようという意欲がある証明でもあり、すばらしいことである。迷ったときは、一人でどれだけ考え込んでも迷いを晴らすことは難しい。信頼できる人に訊くことが迷いを晴らす近道である。

悩み(distress)とは、過去および現況にこだわる心、未練から生まれるものである。自ら、過去及び現在へのこだわり、未練を捨てる勇気を持たない限り、悩みはなくならず、他人に解決してもらうということは無理である。悩みは自分の勇気で断ち切るしか道はない。「人は死ぬまで迷うものである」とは釈迦も明言している。企業の場合、上司は部下の迷いに答えてやることは大切である。だが、悩みまで解決してやることはできない。

4　ユーモア人財を育てる――凄いからおもしろいへ

戦後70年、経済の成長、新しい技術の発展で凄いものがたくさんできた。身近な例としては、インターネット、携帯電話によって、便利な世の中にはなった。世の中は、もう、「これで十分だ」と思うことなく、ますます、技術革新が進み、2045年問題、シンギュラリティ（技術的特異点）、AI（人工知能）が人間の能力を超える。何が凄いのかわからないくらい凄いものがでてきつつある。それで、本当に「幸せ」になれるのか、の疑問もなくはないが、流れについていくしかないのが現状である。そこで、これからの社会が求めている人財を考えてみると、「知識がたくさんある」、「英語が堪能」等の凄い人財ではなく、「人と違うね」「おもしろいこと言うね」という「おもしろい人財」である。私は、このおもしろい人財を「**ユーモア人財**」と呼んでいる。

①「お笑い」と「笑い（ユーモア）」とは違う

テレビを見ていると、芸人さんが「おもしろいこと」をたくさん演じている。そのおもしろさは、人とは違う「凄い」が入っている。冷たい（熱い）水の中にはいる。思わず頭を叩く。パンツ一枚で走る。普通の人にはできない「おもしろい」である。それは、その場限りの「お笑い」で、すぐに忘れ去られる。我々の小さい時の「おもしろい」は、絵本を読んで「おもしろい」、数学の問題が解けて「おもしろい」、種を植えたら花が咲いた「おもしろい」、人生は山あり谷があるから「おもしろい」である。その「おもしろい」には「感動」があった。どんな感動か。それは、人を「幸せ」にする感動である。

「おもしろい＝凄い＋感動」、この「おもしろい」によって、多様な物の見方ができ、場の空気が読め、場の雰囲気を和らげ、その場に合った洒落た一言が「笑い（ユーモア）」である。ユーモア人財は、その場の人々を「幸せ」にすることができる人財である。

ユーモア人財（凄い から おもしろいへ）

	エリート	ユーモアを	楽しみ方
勉強ができる子	学校のエリート	楽しむ	自分一人で楽しむ
賢い子	職場のエリート	創る	相手を楽しませる
おもしろい子	社会のエリート	話す	全員を楽しませる

ユーモアを楽しみ、創り、それを全員の前で話して、全員を楽しませることのできる人財、「勉強ができる子、賢い子、おもしろい子」の3つの要素を加えたのが、ユーモア人財である。また、ユーモア人財は、次の項目の**組み合わせ力**も持ち備えている。

②組み合わせ力を育てる

最近、ビジネス用語としてよく使われる言葉として、ダイバーシティ（多様性のある人財の活用）がある。多様性のある人財、これこそが、ユーモア人財である。彼らの特徴は、「**組み合わせ力**」である。今や、IoT（Internet of Things）時代、すべてのものがインターネットにつながり、あらゆる情報の入手が可能である。これからのビジネスは、その情報を如何に組み合わせて、新しいニーズを開拓せねばならない。研究開発も、様々な技術の組み合わせである。ユーモア人財は、この「**組み合わせ力**」を楽しんでいる。この「組み合わせ力」を磨くには、音楽や料理、笑いなどに積極的に取り組むことである。これを私は、「**右脳の活性化＝脳が笑う**」と言っている。

- **音楽は、**ドレミファソラシドの音階の組み合わせである。
- **美術は、**色と色、風景と風景、ものともの等の組み合わせである。
- **料理は、**大根、人参、かつお、肉等の食材の組み合わせである。
- **笑いは、**言葉と言葉との組み合わせによっておこる落差である。

例えば、なぞかけは、「きく臓さんの本」とかけて、熟したメロンととく、そのこころは、どちらもよく売れて（熟れて）いる。小噺は、「タバコ喫いましたか。すいません」「あなた、うつですか。そうです」も同じである。それぞれの共通の特徴を同じ韻や対語で組み合わせて、落としている。これらの音楽、美術、料理、笑いの特徴は、演奏者と聞き手、描き手と鑑賞者、作り手と食し手、話し手と聞き手が、お互い笑顔になり、その笑顔を組み合わせることによって、大きな「幸せ」を創造しているのである。

音楽を聴き、演奏し、美術を楽しみ、美味しい料理を作り、食べ、落語・漫才・駄洒落・川柳・都々逸などのユーモアを楽しみ、できれば、駄洒落・川柳・なぞかけなどを上手・下手ではなくて、自分で創ってみることである。そうすることによって、ますます、**「組み合わせ力＝脳が笑う」**の理解が深まる。

最後に、**社会（組織）は、人と人との組み合わせである**。人が人を育て、お互いの笑顔と笑顔の組み合わせで、「幸せ」な社会が築けるのである。

◆異色の組み合わせ（折り紙の応用）

日本に古くから伝わるアートの折り紙と、最先端技術の塊である宇宙開発という異色の**組み合わせ**が、海外メディアからも注目を集めている。人工衛星では、太陽電池パネルの折りたたみに使われた三浦公亮（こうりょう）東大名誉教授が考案した「ミウラ折り」が有名だが、身近な例では、吉村パターン（ダイヤモンドパターン）と呼ばれる折り構造を表面に利用した缶チューハイがある。プシューと缶を開けると同時に、缶の表面に凹凸のダイヤカットの形状が現れる。その他、簡単につぶせるペットボトルや、軽くて強い車体や家具、エアバッグの折りたたみなど、私たちの日常にも折り紙技術は応用されている。建築では木材や鉄鋼パネルを折りの素材として立体建築物にする工法の研究、医療分野においては、「なまこ折り」を応用した新型の人工血管（ステントグラフト）技術や、折りたたみ式ロボットなど、様々な応用研究が進められている。

5　働きがいを持つ人財を育てる

諺に「**天才は努力している人に勝てず、努力している人は楽しくしている人に勝てず**」がある。

「仕事が楽しい」とはどういうことなのか。「仕事が楽しくない」と言っている人は、いつも仕事、会社への不満ばかり言っている。同じ条件で働いているのに何故このような差がでるのであろうか。それは、働きがい「何のために仕事をするのか」、「働きがい」があるか、ないかである。

「**三人の石工**」という有名な話がある。石工たちがレンガを積んでいる光景を目にした人が、三人の石工に「あなたは何をしているのですか」と別々に尋ねた。**一人目の石工**は「会社の命令でレンガを積んでいる」と答え、**二人目**は「レンガを積んで塀をつくっている」と応え、**もう一人の石工**は「私は、たくさんの人たちが集う、楽しい会館をつくっているのです」とこう答えた。

同じ仕事に携わっていても、ただ「レンガを積んでいる」と思って働いている人と、「人々が楽しく集う、会館をつくっている」と思って働いている人とでは、どちらが仕事からより大きなストレスを感じ、どちらがより多くのやりがいや充実感、「幸せ」を得ているかは明らかである。

オリンピック選手は過酷な練習をしている。端から見ていて、決して楽しいとは思わない。でも、彼らは、「苦しい、しんどいです。でも楽しいです」、「競技に挑戦できることが幸せです」と言う。それは何故か？　今のこの苦労を乗り越えると、たくさんの人を感動させ、「幸せ」にできるというイメージができているからである。その結果として、「金メダル」もある。また、人に感動を与え、「幸せ」にした者しか味わえない「幸せ」があるからである。

天職：自分の好きな仕事をしている人　仕事を楽しんでいる人

3. 人とつくる幸せ

1 結婚する―女性にもてる10ヵ条（落語：色事根問）

２０１０年（平成22年）の国勢調査によると25歳から39歳の未婚率は男女共に上昇している。男性は25歳から29歳で71・8％、30歳から34歳で47・3％、35歳から39歳で35・9％の未婚率となっている。また女性では25歳から29歳で60・3％、30歳から34歳で34・5％、35歳から39歳で23・1％となっている。未婚率が上昇することは、「少子高齢化」「人口の減少」などの問題が引き起こる。実は、男性は、女性にもてたくないのではなく、もてないのである。そこで、落語に与太郎がご隠居さんのところに女性にもてるための方法を聞きにいくという「色事根問」、「女性にもてる10ヵ条」がある。これからのヒントを参考にして頂きたい。

女性にもてる10ヵ条

与太郎が、ご隠居さんから「女性にもてる10カ条」「一、みえ　二、おとこ　三、かね　四、げい　五、せい　六、おぼこ　七、せりふ　八、ちから　九、きも　十、評判、この内一つでも身に備わっていれば女性にもてる」と教えてもらう。

一、見栄：着ている物（ブランド品等）、姿形（スタイル）、清潔感が大切。
二、男：男前（イケメン？）、男前よりこころが笑っているいい顔が大切。
三、金：お金持ち。最低の経済力は必要。
四、芸：芸事ができる。ストレスを快笑できる楽しい趣味を持っている。
五、精：まじめ。誠実。優しい人。
六、おぼこ：かわいらしい。憎めない。人間的な「おもしろさ」がある。
七、台詞：口達者。雑談より相手の立場に立った対話ができることが大切。
八、力：力持ち（お相撲さん等）。一つのことに打ち込んでいる逞しさ。
九、胆：肝っ玉の太い方。小さいことに拘らず、「なんとかなる」が必要。
十、評判：何のとりえもないが評判が良い。いわゆる、正直で本当に良い人。

あなたは、いくつ備わっていましたか。女性の方は、この内の何が（何個）あれば、男性とお付き合いしたいですか。先ずは、欲張らずに2個あればと考えるとすぐに行動できる。２個ある人を見つけたら、気づかなかったもう1個を見つけ出していくのが、「幸せ」の近道である。

【最近の理想の男性】

・「３高」とは、「高学歴、高収入、高身長」
・「３平」とは、「平均的年収、平凡な外見、平穏な性格」
・「４低」とは、「低姿勢、低依存、低リスク、低燃費」
　低姿勢は「女性に威張らない」、低依存は「家事を女性に頼らない」
　低リスクは「リストラされない」、低燃費は「節約できる男性」

2 夫婦円満な生活

「幸せ」の基本は、家庭が楽しいこと。また、その基本は「夫婦仲が良い」こと。夫婦仲が良いメリットはたくさんあるが、第一は、夫婦とも健康長寿である。第二は、子どもが生き生きと元気に育っている。この2つがあれば、「幸せ」であることは間違いない。そうすればどうしたら夫婦仲が良くなるのであろうか。

その秘訣は、さだまさしさんの作詞／作曲「関白宣言」「関白失脚」の中にたくさんのヒントがある。（ぜひ、曲も聴いて頂きたい）好きな都々逸と共に解説していく。

関白宣言

お前を嫁にもらう前に行っておきたい事がある
かなりきびしい話もするが　俺の本音を聴いておけ……
お前の親と俺の親とどちらも同じだ　大切にしろ
姑小姑かしこくこなせ　たやすいはずだ　愛すればいい

関白宣言－歌詞より

夫婦喧嘩で多いのが、嫁と姑の問題である。どちらの親が大切か。どちらも大切である。夫は妻の両親を、妻は夫の両親を大切にすることだけを心がければ良い。そのためには、「**愛すればいい**」である。

たとえ姑が　鬼でも蛇でも　主を育てた　親じゃもの

人の陰口言うな　聞くな　それからつまらぬシットはするな

関白宣言－歌詞より

夫婦喧嘩で、次に多いのが、「お隣が、あの人が」と比べる・競争することである。「隣がお芋を買った」と言えば「家では、おならを出しておこうか」でいいのではないか。「違い」を認識して、違うから親しくなれることもある。

うちはホルモン　隣は焼き肉　ちょっと悔しい　にくらしい

俺は浮気はしない　多分しないと思う
しないんじゃないかな　ま　ちょっと覚悟はしておけ

関白宣言－歌詞より

これは、男の見栄です。昔から「女房妬くほど　亭主もてもせず」とある。

惚れた数から　振られた数を　引けば女房が　残るだけ

幸福は二人で育てるもので　どちらかが苦労してつくろうものではないはず

関白宣言－歌詞より

⬅

夫婦二人で一人前である。片方だけが「幸せ」はない。片方だけが「幸せ」ならこれは夫婦ではない。直ぐに離婚すべきである。

酒の相手に　遊びの相手　苦労しとげて　茶の相手

忘れてくれるな　俺の愛する女は　愛する女は　生涯お前ひとり
忘れてくれるな　俺の愛する女は　愛する女は　生涯お前ただ一人

関白宣言－歌詞より

奥さんに先立たれて夫が残ると、余命5年（3年生きて2年惚けて死ぬ）とも言われている。こんな惨めなことはない。そのためには、夫は妻を大切にすること。いつも妻に「愛している」「感謝している」と言うことである。

酒は一升で　すまないけど　女は一生　おまえだけ

関白失脚

お前を嫁に　もらったけれど　言うに言えないことだらけ
かなり淋しい話になるが　俺の本音も聞いとくれ……

父さんみたいに　なっちゃ駄目よと　お前こっそり　子供に言うが（知ってるぞ！）

関白失脚－歌詞より

子育てで、お母さんが、一番してはいけないのが、お父さんの悪口である。子どもの教育に一番大切なことは夫婦円満・夫婦尊敬である。そうしないと、良い子は育たない。その為には、いつも、夫婦が「幸せ」と笑顔で言うことである。そうすれば、脳が、「幸せ」を探してくれ、家族全体が「幸せ」になる。

あの人の　どこがよいかと　尋ねる人に　どこが悪いと　問い返す

それぞれご不満も　おありのことと思うが
それでも家族になれて　よかったと　俺　思ってるんだ

関白失脚－歌詞より

←

奥さんには、夫へのたくさんの不満もあるが、その不満を一番わかっているのが、夫である。「夫婦喧嘩犬も食わぬ」がある。夫婦しかわからないことがたくさんある。それが夫婦なのである。

何のとりえも　ない人だけど　嘘がうまくて　長続き

都々逸(11)の中に、たくさんの「幸せ」のヒントがある。

一人笑うて　暮らすよりも　二人涙で　暮らしたい

目から火の出る　所帯をしても　火事さえ出さねば　水いらず

四角い火鉢を　間に置いて　丸くおさまる　夫婦仲

ついておいでよ　この提灯に　けっしてくろうは　させやせぬ

楽は苦の種　苦は楽の種　二人してする　人の種

3　友達をつくる―友人と友達は違う

・友人＝単なる仲間

・友達＝心から話ができ、利害の超えた付き合いができる人

「幸せ」を語り合える人、「幸せ」にしてくれる人。

現在はネット時代、若者はたくさんの友がおり、その友との交信にたくさんの時間を費やすことによって、「私は一人でないたくさんの友がいる」と思っているが、それは、単なる友人である。自己満足である。

生涯必要な友達は次のような人である。

①幸せな人　⬇　幸せは連鎖する

ミラーニューロンの法則というのがある。他の人の行動を見て、まるで自身が同じ行動をとっているかのように、「鏡」のような反応をすることから名づけられた。

身近な例として、欠伸《あくび》がうつる、笑っている人を見るとこちらまで笑いたくなる。美味しいそうな料理番組を見ると、食べたくなりお腹が減ってくる。理想の人になりたければ、出来る限りその人とお付き合いして、その人の真似をすること。「幸せ」になりたければ、幸せな人とお付き合いして、できる限りその人の真似をすれば自然と「幸せ」になれる。逆に、「子どもは、親の言うことは聞かないが、親のすることは真似る」と言われる。親が子どもに、「行儀が悪い」と叱っているが、子どもは、親の真似をしていることが多い。「人のふり見てわがふり直せ」、また、「一流になりたくば、一流に学べ」これもミラーニューロン効果である。

②ユーモアのある人

➡おもしろい人がいいですね。発想がユニークで楽しい。協調性があり、仲間の「幸せ」を考えてくれる。

③勉強好きな人

➡いつも、自己啓発をしていて、仲間を刺激してくれる。好奇心があり、いつも何かに挑戦している。

人と機械の間には、マナーも敬語もエチケットも必要ない。必要なのは、通信料金だけである。我々は人間である。人と人の間である。この「間」が大切である。この「間」のない人間を「間抜け」と言う。「間」とは、呼吸である。人の息遣いがわかる距離である。落語家の大師匠は、「お客さんと呼吸を合わす」とよく言う。相手と呼吸を合わす、これぞ「間」である。呼吸が合う（息の合う）人が「友達」なのである。

4　職場を楽しくする

①ハイタッチ運動

職場に笑いがない。明るくない。楽しくない。とよく言われるが、職場に笑いを広げるに、最高の手段がある。それは「ハイタッチ」である。昔から「医療は手当て」といわれ、手と手を合わせると、人は必ず笑う。ハイタッチして怒る人はいない。朝礼の後、皆さんとハイタッチをすれば、お互い「笑顔と笑顔の交換」ができる。そうすれば、親しさが増し、会話が弾む。その時に、ハイタッチともう一つ、「お互い褒め合う」を行う。

人は、褒められると、より親しさが増し、職場が明るくなり、仕事の効率が上がる。部署の人数が10名なら、10日間で全員と「笑顔と笑顔の交換」ができ「褒め言葉が10個」溜まる。1ヵ月で、同じ人と最低2回行うので、よりお互いの理解が深まる。ぜひ、継続して頂きたい。どんな職場活性化研修よりも効果がある。そして料金が無料である。最高である。まずは、実効あるのみである。

◆ハイタッチによる「幸せ」

・笑顔と笑顔の交換でより親しみが増す。
・褒めるために相手の「長所」を探す。
・笑って脳が活性化し、良きアイデアが出る。

◆継続するためには、「今日一日だけ」の連続

「今日一日だけ」なら何処の部署でも実行できる。
毎日すると思えば負担になる。
また、明日も「今日一日だけ」で実行する。
「今日一日だけ」の連続が継続へと繋がる。

②組織の幸福度と生産性

日立製作所　研究開発グループ技師長兼人工知能ラボラトリ長
矢野《やの》和男《かずお》氏（２０１６・10・６日経電子版より抜粋）

幸福度を測るために、私たちは首にかけることができる、加速度センサーを組み込んだ名刺大のウエアラブルセンサーを世界に先駆けて開発しました。独自開発したウエアラブルセンサーを使った実験の結果わかったことは、「幸せな人の身体の動きには意識ではコントロールできない特徴がある」という事実です。もちろん、業務の質によって動きの量は変わってきます。量が多いか、少ないかに関わらず、幸福な気分の日ほど、特徴あるパターンが出やすい、ということです。

幸福な組織ほど生産性も高くなることを発見したのは、あるコールセンターで実験した時のことでした。従業員の幸福度が高い日は、そうでない日に比べて34％も受注率が高かったのです。さらに驚いたのは、受注スキルの高いメンバーが集まればそれだけ全体としての受注率が高くなるかといえば、決してそうではなかったことでした。では、何が一番、組織全体の受注率と相関関係があったか。意外なことに、それは休憩所での会話の「活発度」でした。

実際、優れた選手ばかりを集めても、チームは決して強くならないことがコールセンターの大量の実験で確かめられています。4番バッターばかり集めたチームが優勝するわけではない。チームのパフォーマンスは、多様な人材の組み合わせや集団的な活性度で決まります。個人の能力の足し算ではありません。

5 地域を楽しくする──3つの「あ」

① 挨拶（笑顔の）

大阪から淡路島に引っ越して、もう、10年が過ぎる。私も定年後の田舎生活に憧れていたこともあり、明石海峡大橋の見える高台に終の棲家を建てた。

見知らぬご近所さんとのコミュニケーションで一番大切なのは、「挨拶」である。「挨拶」だけは、誰でもが受け入れてくれるコミュニケーションの唯一の手段である。

笑顔の挨拶をすると、こころが和み、不思議なもので、自然と「もう一言」が出る。「おはようございます」「おはようございます」「今日はいい天気ですね」「暖かくなってきましたね」と。このもう一言が、お互いの信頼関係を深めていくのである。笑顔と笑顔の挨拶が、地域生活を楽しくするための第一歩である。

◆田舎の漁師町に住んで

こんな話を思い出した。ある商社マンが、漁師に「もっと大きな船を買いませんか」、漁師「大きな船を買ってどうするのか」、商社マン「大きな船を買って、たくさんの魚を獲れば、お金がたくさん入ってくる」、漁師「お金がたくさん入ってくればどうなるのか」、商社マン「お金がたくさんあれば、毎日、海を見ながら、のんびり釣りができる」、漁師「そんなことは、お金がなくても、毎日やっている」。

いろいろな「幸せ」がありますね。

②「ありがとう」という感謝の言葉

地域の人から何かを教えて頂いた時、何かお世話になった時、何かを頂いた時、お互いに感謝の「ありがとう」を繰り返していると、不思議なことに、こころが癒され、より親しみを感じる。この素直な「ありがとう」が、地域生活を楽しくするための第二のコミュニケーションである。

◆「ありがとう」の効用

・「『ありがとう』を10万回唱えたらガンが消えました！」」、余命1ヵ月と告げられた工藤房美《くどうふさみ》さんの著書『遺伝子スイッチ・オンの奇跡』（風雲舎）に書いてある。感動する、笑う、ワクワクすることの大切さと「ありがとう」

という感謝のこころの大切さを痛感する工藤さんの著書である。ぜひ、ご一読頂きたい。

・ある高齢者施設の所長さんに「認知症になったかどうかの判断基準は何ですか」と尋ねたら、「『ありがとう』を言わなくなった時からが、認知症が始まっていることが多いです」と教えて頂いたのが印象的であった。感謝の最高の言葉「ありがとう」を大切にしたいものである。

③「愛」を地域に持つ

ご縁があって、お世話になっている地域の良い所をたくさん見つけ、愛することである。地域を愛すると、地域の人に通じるのか、また、地域の良さを色々と教えてもらえる。そして、また、愛する田舎だから、地域の様々なお祭りがある。伝統のお祭りには、この村に対する「愛」がある。その「愛」

を感じるようになったら、その地域を愛していることになる。まずは、人を愛することから始めたい。そうすれば、人に愛され「幸せ」になれる

幸せとは、愛する人が幸せでいることである。美味しい料理を作って幸せそうに食べてくれる相手をみると、自分も幸せになれますよね。相手が困っている時に手をさしのべて、感謝されると自分もうれしくなってくるものです。小さいことかもしれませんが、人間の本当の「**幸せ**」だと思うのです。

（鈴木　晶⑿　法政大学国際文化学部教授）

4. 人から頂いた幸せ（感謝の幸せ）

65年の人生でたくさんの「幸せ」を頂いた。計り知れないほどの「幸せ」である。その「幸せ」のお蔭で今の私の「幸せ」がある。それらの「幸せ」に感謝しながら、次の5項目の「感謝の幸せ」を紐解いてみることにする。

1 親から頂いた幸せ―健康で生きる幸せ

「おぎゃー」と生まれた時、人間の赤ちゃんほど無力なものはない。生まれた時、あのミルクがなければ、あの時の躾、教育がなければ、今の幸せな己がないのである。その始まりは、この世に生を与えてくれた両親である。「父の恩は山よりも高く、母の恩は海より深し」の通り、両親への感謝なくして「幸せ」は語れないのである。でも、「親孝行したい時に親はなし」とは上手に言ったものである。この諺にこんなパロディがある。「親孝行したくもないのに親がいる」。これは笑えない。

また、ある難病センターで講演した時、がんの患者さんが、こんなことを言われていました。「私は幸せです。がんになって初めて、家族の温かさ、スタッフの素晴らしさを知り、本当に幸せです」。ある全盲の患者さんは、「今の盲導犬に知り合ったことが、最高の幸せです」とお聞きした時は驚いた。こんな言葉を聞いたことがある。**「病気がなくても幸せでないなら健康でない。たとえ病気があっても幸せなら健康である」**。人は、老いてくると、病気のない人はいない。なんらかの病気を持っている。「一病息災」である。

幸せになる人は、どんな環境でも幸せを探し出し、感謝をする。
不幸になる人は、どんな環境でも不幸を探し出し、不満を言う。

2 家族から頂いた幸せ─楽しく生きる幸せ

まずは、家族を一緒につくってくれた妻に感謝しなくてはいけない。そして、家族の構成員である子どもにも感謝しなくてはいけない。ある先輩が「子どもが大きくなると、習い事や授業料等でお金がたくさんいるので困る」とこんなことを言っていた。でもその分小さい時に楽しませてもらった。その代金と思えば安いものである。その子どもが、自立し、結婚すれば、また、新しい家族ができる。これもまた新たな「幸せ」の一つである。これが「幸せの循環」である。

江戸川柳：這えば立て　立てば歩めの　親心

都々逸　：喧嘩したときゃ　この子をごらん　仲のよい時　できた子だ

①赤ちゃんはなぜ笑うのか

赤ちゃんの笑顔を見ていると「幸せ」を感じる。赤ちゃんは、胎児の時から笑っている。お母さんが「幸せ」を感じた時、赤ちゃんはお腹の中で笑っている。また、生まれて間もない赤ちゃんが、なんとも言えない微笑みを見せてくれる。これは「新生児微笑《しんせいじびしょう》」別名「**エンジェルスマイル**」である。2ヵ月程すると、周りの反応を見て微笑む。これは「生理的微笑」である。赤ちゃんは、「何かが楽しい、おもしろい」と感じて笑っているのではなく、周りの人たちに受け入れてもらうために笑っているのである。これは、反射的に行う笑顔で、人以外におもちゃ等を見た時や、睡眠中にも起きる。

次に、赤ちゃんをあやしたり、抱っこした時に、見せてくれる「社会的微笑」がある。赤ちゃんは、まだ自分の気持ちや感情をはっきり自覚して、微笑んでいるわけではないが、周りの刺激に対して反応するということは、赤ちゃんの中で社会性が芽生えている確かな証拠である。生まれながらにコミュニケーションを取るための手段を身につけているのである。凄い！　こんな赤ちゃんの笑顔を見ていると、「可愛いなあ、大切に育てたい」と思う。これが、赤ちゃんが笑う理由である。

人間の赤ちゃんは何の力もない。動物の赤ちゃんは、生まれてすぐに歩き出す。人間の赤ちゃんは、歩くのに1年程かかり、自分で食事もできない。本当に弱い存在である。その赤ちゃんが生きていくためには、「笑顔」という手段で、皆さんに守られて、育ててもらうしかないのである。「笑う」は、赤ちゃんが生きていくための最高の武器なのである。だから、「笑う」ということは、遺伝子の中に組み込まれているのである。

②成長を見守る幸せ

小さな赤ちゃんが大きく成長してくる。植物でも、水をやり肥料をやり、大きくなってくると「育てている」という実感が「幸せ」にしてくれる。今まで、できなかったことができる。なかったものを得る「幸せ」もある。

また、人生にはたくさんの苦労もあるが、それを乗り越えた時の「幸せ」

は、最高である。家族の一人ひとりが、創りだす「幸せ」、家族から頂いた「幸せ」を感じることが、「幸せ」である。苦労の数だけ「幸せ」をくれるのが、家族である。

3 恩師から頂いた幸せ―学ぶ幸せ

子どもが、よく「あれ何?」「どうして?」等、いつもたくさんの質問をする。それは、新しいものごとを学ぶことが、「楽しい」からである。この「楽しい」を教えてくれたのが、人生の様々な恩師である。それでは、楽しいとは何。**「楽しいとは、レベルが同じ」**である。例えば、同じ知識や同じ趣味の人と話をしていたら楽しい。ゴルフにはハンディキャップがあるから、ゴルフのレベルの違う人も、同じように楽しめる。私は囲碁が好きでよく打つが、囲碁も置き碁というハンディキャップがあり、レベルの違う者同士でも、楽しく打つことができる。そのハンディキャップを小さくするのが、「学ぶ」である。全くの素人の人も、「学ぶ」ことによってプロになっていく。その「学ぶ」を導いてくれる人が恩師である。

ゴルフを例にとれば、ゴルフの知識があり、理屈では打ち方を知っていても、その通りなかなか上手く打てない。打ち方の実技を教えてくれる人が恩師である。人生で言えば、生き方を教えてくれる人である。人生には、親、先生、職場の上司、近所のおじさん、後輩、様々な恩師がいる。恩師が「よくできました」と褒めてくれる、その「笑顔」が「幸せ」になれる人生の宝物である。

勉強：単なる知識を増やすこと　⬇　覚える

学ぶ：知識を活用できる教養を身につけること　⬇　忘れる（無意識に使っている）

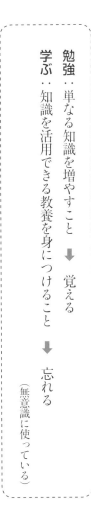

4　自然から頂いた幸せ―「楽しむ」幸せ

ぼーっと、一人で、七色の光を放つ夕日を見ていると、「美しいなあ」と思わず、笑みがこぼれる。山の頂上から観た尾根の不思議な形を見ていると、「おもしろいなあ」と思わず、笑みがこぼれる。ふと、こころを癒してくれるのが自然である。また、単なる景色ではなく、鳥のさえずり、風の音、動植物が創りだす自然の香り、肌で感じる空気感等、五感で感じる様々なものが、こころを癒してくれ、その場にいることの「幸せ」を再確認させてくれる。

辛い時、何かに頼りたい時、大自然に己の身を任せて、大自然と対話すると、己の小ささが理解でき、自然と答えが出ることがある。人間は自然から生まれ、自然にかえるのだから、自然が本当の親かもしれない。その自然を大切にしないと、その反動が怖いことは、世界の人々は理解しているが、なかなか行動できないのが現状である。

この美しい自然を鑑賞できる「幸せ」地球を楽しめる「幸せ」をもう一度

再確認し、大切にしたいものである。

・「辛」＋「一」＝「幸」辛いに何か一つ加えれば「幸」になる
・「止」＋「一」＝「正」止まるに何か一つ加えれば「正」になる
その一つに「自然」や「笑い」がある。

5　生き物から頂いた幸せ―「美味しい」幸せ

「あ〜美味しかった」の後に、「私、幸せ」が必ず出る。人は、美味しいものを食べた時必ず幸せになる。物を美味しく食べるためには、次の3つのことが大切である。

①「いただきます」という感謝のこころ。様々な生物の命を頂くのだから、感謝のこころがないと、「美味しい」とは感じない。

②旬を食べる。その素材を生かす料理法で料理をする。料理法は、料理人、文化によって、考え方が違うので大変難しい。

③誰と食べるか。楽しく笑って食べると、何でも美味しい。笑いは、食欲増進の最高の胃薬です。ぜひ、笑薬《しょうやく》をお忘れなく。

最後に、もう一つ忘れてはならないものが、美味しく頂いた後に、食べたものを消化して便として出す。これが大切である。「腸は第二の脳」といわれ、腸をすっきりさせると「幸せ感」が増す。そのためには、よく噛むのも大事であるが、ビタミンたっぷりの野菜を食べるということもお忘れなく。野菜には様々な栄養素があるが、特に、野菜に含まれる繊維は、スポンジのようなもので、消化吸収はされないが、大腸で、しっかりと水分を吸収して便として出してくれる。その時、腸壁にへばりついている食べかすの掃除もしてくれる。食べた後は出す。この循環が健康という「幸せ」を運んでくれる。人間は、自然界のたくさんの生物の命を美味しく頂くことによって、生かせて頂いている。本当に「感謝」、「幸せ」である。

＊アフリカ先住民には大腸がんが少ない

食物繊維が大腸がんや大腸の病気の予防に大きな役割を果たしているのではないかという研究は、１９７２年（昭和47年）にイギリスのバーキット博士とトローウェル博士によって行われた。これは、肉や乳製品中心の食生活をしている北欧や欧米人と比べると、トウモロコシなどの雑穀類や芋類、野菜やナッツ類などの植物性食品が主食のアフリカ先住民には、胃腸疾患や大腸がん、便秘などが少ないということが疫学調査でわかったのがきっかけである。伝統的な日本の食事、特においしい芋料理もお忘れなく。

・美味しい焼き芋は「八里半」とか「十三里」という ⬇ 栗（九里）に近い（八里半）、栗より（四里）美味しいから ⬇ 十三里

・生焼きの芋は十里 ⬇ ゴリゴリ（五里五里）

5. 気づいていない幸せ

1　人間（私）は凄い

一回の射精の精液が含む精子数は個人差もあるが、通常1億〜4億程であるといわれており、私たち一人ひとりは、最低1億人の代表である。1億人といえば日本人全体の代表でもある。その人間の構造は複雑で凄い、何が凄いといえば、例えば、「手」を取り上げてみる。この手は、触るだけで、その物の素材がわかり、物の全体を感じ、様々な動きができる。今の最高の技術を使っても、この手と同じ物はできない。両足で歩く、簡単なようであるが、なかなかロボットではできない。ある科学者が言った「人間が人間を造ったら、文明は滅びる」。それだけ人間って凄いのである。あなたは、「私なんか駄目」とよく言うが、駄目ではなく己の能力を生かせてないだけである。あなたの真の能力を生かせば、不可能はないかもしれない。そんなに己が凄いのを、人間は忘れている。どうしたら、己の凄さを生かせることができるのか。それは、簡単である。まず、「何がしたいのか」を考え、次に、したいことへ挑戦をすればいいのである。挑戦をするのに、「あれがない、これがあったら、」と文句を言う人がいるが、そんなないものねだりをしても、前には進まない。ないものがあれば、「どうしたら手に入るのか」を考えればいいのである。例えば、「鳥になって空を飛びたい」と思っても、人間は鳥にはなれない。鳥にはなれないが、「空を飛べることができる」。それによって発明されたのが、「飛行機」である。その飛行機によって、鳥以上のスピードを手に入れ、たくさんの人を遠くまで運ぶことができた。凄い！　その凄さを造りだしたのは、人間の脳で、この脳がまた凄い。不可能なものを可能にしてくれる。その脳を、人間一人ひとりが、生まれながらに持っているのである。この凄さを「幸せ」と言わずして、何と言えばいいのであろうか。

それなら、人間すべてが、１００ｍを10秒で走れるのか。といえばそれは難しい。脳の「考える」という働きは、まだまだ無限の可能性があるが、身体は、鳥にはなれないように、限界がある。よく、こんな話を耳にする。国民体育大会に出場するには「努力」。オリンピックに出場するには「才能」である。人間は、早く走るという「手段」に対しては「才能」がいるが、早く走って獲物をとるという「目的」に関しては、自動車に乗って、銃で撃つ等、様々な方法を「考える」ことですべてが解決できる。もう一つ、人間と動物の大きな違いは、「楽しむ」である。動物の目的は、「生きる」であるが、人間は、「生きるから楽しむ」を見つけ出した。人間は、自ら、こころから楽しむことができる。それが「幸せ」である。「幸せ」になれるのは人間だけである。人間って素晴らしい、凄い。人間に生まれて「幸せ」である。

2 日本で生活していることの幸せ

こんなことを書けば、他の国で生活している人は不幸なのか。と誤解を受けそうだが、そんなことはない。それぞれの国で生活している幸せな人もたくさんいる。今回は、己の居場所の素晴らしさを検証してみるだけである。

まず、日本の素晴らしさは、・戦争がない・治安がいい・水道の水が飲める・医療が充実している・教育レベルが高い・街にゴミが少ない・四季がある・交通システムが発達している・政治が安定している・日本文化がある等たくさんある。特に、最後の「日本文化がある」が大きい。日本は、明治の文明開化以降、西洋の文化を取り入れて、知識と科学で今の文明をつくりあげ、世界大国の一つとして君臨している。そのお蔭で、便利な快適な世の中になったが、それが、「幸せ」とは限らない。そこで、忘れているのが、日本人らしさ、日本しかない、いわゆる、日本文化である。文化は、人間の知恵の結晶で、世の中に潤いを、人のこころに安らぎを与えてくれる。文明が発達した日本は、「幸せ」にみえるかもしれないが、文明は発達しなくても、独自の文化を持ち、楽しんでいる国の人のほうが「幸せ」である。

文明と文化のバランスのとれた社会で生活することが、「幸せ」に繋がる。今一度、日本文化、「**日本人らしさ**」と「**日本人しかないもの**」を考えてみる良き機会である。これからの国際人としては、日本文化を理解することによって、他の国の異文化も理解できる。この異文化理解が国際平和へと繋がっていくのである。

特に、日本の「笑いの文化」として、取り上げたいのが、「落語」や「狂言」、「歌舞伎」である。「庶民の笑い」の文化として、３００年以上の長きにわたり庶民に楽しまれてきた。人間としての「笑いの壺」は、時代が変わっても変わらない。最近は、英語落語として、世界に発信されているが、大変好評である。異文化の人にとっても、「笑い」という文化は、意外と、世界共通なのかもしれない。まずは、日本らしい、日本しかない文化「落語」「狂言」「歌舞伎」を鑑賞する。それが、「幸せ」への近道である。

3 自然から学ぶ幸せ―バイオミメティクス

素材革命で、19世紀は鉄、20世紀はプラスチック、21世紀は植物（CNF：セルロースナノファイバー）の時代であるといわれている。CNFは、紙の繊維をナノレベル（10億分1）まで細かくし、鉄の5倍の強さと重さは鉄の5分の1の軽さをあわせ持つ夢の素材である。これは、分子レベルの話であるが、このように、これからの科学の進歩は、自然から如何に学ぶかである。そこで登場してきたのが、バイオミメティクスである。**バイオミメティクスとは、生物が持つ優れた機能やデザインを模倣し、暮らしを豊かにするヒントを得た技術開発**のことである。例えば、身近な例として、蚊に刺されても何故痛くないのか。後から痒くなりますが、刺される時は痛くない。何故か？という観点から、蚊の刺す針を研究し、刺しても痛くない注射針が開発された。

また、ヤモリを見て、何故、垂直な壁にも「くっつく」ことが可能であるのか。ヤモリの足を研究して、最先端の粘着テープを開発された。何気ない日常生活の中から、生物はたくさんのヒントをくれている。

◆主なバイオミメティクス一覧表

生物からヒントを得た技術	応用された生物
500系新幹線のパンタグラフ ⬇	フクロウの羽
新幹線の騒音防止 ⬇	カワセミの嘴（クチバシ）
競泳用水着、航空機の機体 ⬇	鮫の鱗にある無数の溝
超撥水効果のある塗料 ⬇	ハスの葉の表面
汚れの落としやすい外壁材 ⬇	カタツムリの殻
反射防止フィルム ⬇	蛾の眼
吸着テープ ⬇	ヤモリの指先
痛みのない注射針 ⬇	蚊の針
マジックテープ（面ファスナー） ⬇	ごぼうの実（オナモミ、ひっつき虫）
低摩擦材料 ⬇	サンドフィッシュ（トカゲ）
風車のプロペラ ⬇	トンボの羽
高精度センサー ⬇	コオロギやナガヒラタタマムシの触角
発色繊維 ⬇	モルフォ蝶の羽の構造

◆研究者にユーモアが必要

何気ない自然現象の中に、生物はたくさんのことを私たちに教えてくれている。その自然から学び「幸せ」を掴むには、研究が困難な時でも、いつも明るく、こころに余裕のできるユーモア（楽しい、おもしろい）が必要である。

日本で25人目のノーベル賞（医学生理学賞）に輝いた、「へそ曲がり」を自認する大隅良典（東京工業大学栄誉教授）さんが、受賞のインタビューにこんなふうに答えられている。「人がやっていないことをやる方が**楽しい**。それがサイエンスの本質だと思う」「自分がやっていることが**おもしろい**なあと思えることがサイエンスにとって一番大事。オートファジーが流行になってしまって居心地が悪い。私はちょっとへそ曲がりなんです」

４　老いることの幸せ

人生には、避けることの出来ない苦しみ、四苦八苦がある。「四苦」は、生老病死（生まれること、老いること、病むこと、死ぬこと）の苦しみ。「八苦」は「四苦」に愛別離苦（親愛な者との別れの苦しみ）、怨憎会苦（恨み憎む者に会う苦しみ）、求不得苦（求めているものが得られない苦しみ）、五蘊盛苦（心身を形成する５つの要素から生じる苦しみ）を加えたものである。それらは、本当に「苦しみ」なのだろうか。今回は、その中での「老いる」について考えてみる。

人間は歳をとるにつれて、目が遠くなるわ、おしっこは近くなるわ。血圧は上がるわ、年金は下がるわ。白髪が増えるわ、友達は減るわ。等　何も良いことがないようであるが、慶応大学などが１００歳の高齢者を対象に実施している「百寿者調査」でこんな結果が出ている。同大学は２０００年に調査を開始し、２００２年からは１０５歳以上を対象に「超百寿者調査」もスタートさせた。現在も続けている。それによると、100歳の高齢者の男女比は7対1で女性優位だ。幸福感を調べたところ、100歳では男女ともに80歳頃の高齢者に比べて得点が高く、「幸せ」で安定している傾向が強かった。介護者との関係も80歳頃に比べて安定していた。

①老いると幸福感が高くなる3つの理由

・人生の栄枯盛衰を経験しており、「人生なんとかなる」を知っている。
・肉体の衰えは、「自然の成り行き」と理解している。
・自分の今の環境に感謝し、「人生を楽しめる余裕」がある。

②人生を楽しめるのは、人間だけである

動物の生存は、子孫繁栄（子育て）がすべてである。親孝行はしない。人間は、子育ても、親孝行もする。動物との一番の違いは、「人生を楽しむ」ことができることである。これが、極楽《ごくらく》への道である。極楽とは、阿弥陀仏の

浄土であり、「幸福のあるところ」、「楽を極めるところ」である。下界での楽しい思い出（幸せ感）が、閻魔さんへの手土産になり、その手土産を持っている人だけが極楽に行ける。その唯一のお土産が買える（準備できる）のが、老いの人生である。人生は苦労（四苦八苦）の連続であるが、すべて過ぎ去れば、「あの時の苦労があったからこそ、今の幸せがある」と、それらはすべて楽しい思い出となる。また、その思い出を「楽しい・幸せ」にできるのも、老いの人生である。老いの人生こそ、「苦」ではなく「幸」なら、これから迎える「死の苦しみ」も、苦しむことなく「幸」として迎えられる。

「**老いることは、人生の最大の幸せ、極楽への近道である**」と考えてみるのも楽しいものである。

③老いの人生を楽しむための3つの「ない」

・**比べない**：人は、それぞれ、様々な人生を歩んで来たのだから、比べても仕方ない。違って当たり前、比べなければ「楽」になる。身の丈で生きる。

・**競争しない**：人生のゴールは「極楽」。「幸せ」なら極楽の門は何処にでもある。急がなくてもどこからでも極楽に行ける。己が思っているほど、人は遠くには行かない。

・**怒らない**：怒ったら血圧が上がる。いつも笑っていると向こうから「幸せ」がやって来る。ただ、叱るべき時は叱らないとストレスが溜まる。（怒るは自分のため、叱るは相手のため）

怒るは無智、泣くは修行、笑うは悟り

④健康長寿の秘訣

１００歳以上の高齢者が６万人を超え、この10年で2・4倍になった。１００歳以上の人が急増したのは、医学の進歩や介護システムの整備、栄養面の知識の向上などが背景とみられるが、健康長寿の秘訣は何だろうか。世界一長寿の男女から学ぶとする。

◆木村次郎右衛門《きむらじろうえもん》さんは、京都府京丹後市に在住していた長寿の男性である。２０１２年（平成24年）12月17日に死去するまで、存命人物のうち世界最高齢１０６歳であった。長寿の秘訣として「食べ物に好き嫌いはない。食細くして命永かれ」、「苦にするな嵐のあとに日和あり」などの言葉をモットーにしている。

（朝日新聞２００９年６月20日）

◆世界一長寿の女性の代表として、フランスの婦人、ジャンヌ＝ルイーズ・カルマンさんは、１９９７年に、１２２歳で亡くなりました。そのとき、長生きの秘訣は「退屈しないことと笑うこと」という言葉を残されました。

―精神神経学雑誌　第103巻第11号（2001）887-1001頁より抜粋―

このお二人のお言葉から長生きの秘訣は次の4項目プラス1項目となる。

・食べ物に好き嫌いはなしで、腹八分目

・何事も苦にせず、ストレスを溜めない。

・退屈しない。何事にも好奇心をもって挑戦する。

・笑うこと。毎朝、30秒鏡の前で笑って自分を褒めてやる。

・毎日、額に汗をかく程度の運動をする。

＊先端技術（ロボット、人工知能等）を上手に使うとより人生が快適で楽しくなる。

5　笑う門には福来たる

いつもにこやかに笑っている人の家には、自然に幸福がやって来るという。どんな「福」があるのか。一つは、スーツ、ワンピース、……それは「服」やがな。失礼しました。

それでは、笑うとどんな福（効用）があるのか。私は3つの福（力）を考えている。

①**健康力**―笑うとストレス快笑（解消）し、免疫力がアップし健康効果抜群である。
②**人間関係力**―笑うと、こころが癒されコミュニケーションが活発になる。
③**創造力**―笑うと右脳が活性化し、組み合わせ力が増し、新しい発想に繋がる。

次に、どのように笑えばいいのか。無理やり顔で笑わなくとも、こころで笑えば自然と顔が笑う。こころで笑えない人は脳で笑えば自然と顔が笑う。この循環が大切である。(参考：『顔が笑う　こころが笑う　脳が笑う』(13)、「笑いとメンタルヘルス」(14))

「笑う」と健康になり、コミュニケーションが活発になり、新しい発想ができると、仕事が楽しくなり、人生がおもしろくなる。まさに、これが「笑う門には福来たる」である。

・「福」小噺―「宝船屋」

呉服屋の五兵衛さんは縁起担ぎが大好き。正月早々、次々に縁起でもない出来事がおきたところに来た宝船屋、うって変わって縁起がいいことばかり言うものですから、五兵衛さん、ご機嫌になって祝儀をはずむ。受けて宝船屋、「ありがとう存じます、こんなによくしていただいて、旦那さまはニコニコ笑っていらっしゃるお姿は、まるで大黒さまですな」と言う。さらに機嫌をよくしてまた祝儀。「いまちらと見えた奥様も、まるで弁天さまのよう」と言うとまた祝儀。すっかりご機嫌になったところへ宝船屋、「これで七福神がおそろいになり縁起がいいことで」と言うので、「オイちょっと待て、オレが大黒でかみさんが弁財天、これじゃ二福で、七福神には5つ足りないじゃないか！」と言うと「はい、お商売が五福（呉服）でございます」。

おわりに──究極の幸せ

落語の「死神」にこんな話がある。「人間は人生における運の数は同じである。お金持ちの家に生まれる。美人に生まれる。そんな人は、先にたくさんの運を使っている。残りの運が少ないので、なかなか幸せになれない。その点皆さんは、あまり運を使っていないから、これからますます幸せになりますよ……」。なるほどと思うところが落語である。このように、「運、幸運、幸せ」の数は皆さん同じかもしれない。同じように機会があるのに、それを摑み取れる人と摑み取れない人がいる。その差は何なのか。

日野原重明先生⒂は、「**幸福な人生は偶然でできているのではなく、偶然をどう生かすか、にかかっている**」と述べている。「幸せ」な人を見て、「あの人は運がいいから」とよく言う。何度も同じことを書くが、運は皆平等にある。運・偶然を生かせている人をみると、いつも明るく笑っているので、人財と知恵が集まり、その偶然を生かせるのである。それが「幸せ」に結びつく近道である。

「幸せ」という概念は、不幸な人がいるから、幸せな人がいる。あるお坊さんにこんな話を聞いたことがある。「極楽には、幸せや不幸という言葉がない」。それは、極楽の皆さん全員が「幸せ」だから対比する言葉「不幸」がないのである。これが、「究極の幸せ」である。下界では、何事もなく、「幸せ」も考えずに、平穏無事に笑って暮らすのが、案外、「究極の幸せ」かもしれない。「究極の幸せ」を求めて、もう一度、アランの言葉「**笑うのは幸福だからではない、むしろ、笑うから幸福なのだ**」で締め括りたい。最後までお付き合い頂き有難うございました。

最後に、この本の企画立案から出版まで、いつも明るく笑ってご支援を頂きました春陽堂の永安浩美女史に衷心から御礼を申し上げます。

・しあわせは　歩いてこない　だから歩いて　ゆくんだね
・しあわせの　扉はせまい　だからしゃがんで　通るのね
・しあわせの　隣にいても　わからない日も　あるんだね

水前寺清子の歌「三百六十五歩のマーチ」より

平成28年12月吉日

NPO法人健康笑い塾　主宰
日本笑い学会理事・薬剤師
中井　宏次（薬家きく臓）

参考図書・文献

（1）相田みつを、しあわせはいつも、文化出版局、1995年

（2）アラン『幸福論』串田孫一・中村雄二、(「勝利」)、白水社、2008年

（3）佐藤美由紀、世界でもっとも貧しい大統領　ホセ・ムヒカの言葉、株式会社双葉社、2015年

（4）アラン『幸福論』串田孫一・中村雄二、(「友情」)、白水社、2008年

（5）吉野槇一、脳内リセット理論、主婦の友社、東京都、2003年

（6）中島英雄　笑いの科学vol.1「笑いとユーモアの科学」p.48、2008年

（7）伊丹仁朗、昇幹夫、手嶋秀毅、笑いと免疫能、心身医学、34：p.556、1994年

（8）安保　徹、病気にならない体をつくる免疫力　三笠書房

（9）老年精神医学雑誌，22(1)：32-38，2011

（10）小林剛、組織の重要語、株式会社三五館、1996年

（11）柳家紫文、都々逸読本、海竜社、2015年

（12）別冊100分で名著「幸せ」について考えよう、NHK出版、2014年

（13）中井宏次、「顔が笑う　こころが笑う　脳が笑う」、春陽堂、2011年

（14）中井宏次「笑いとメンタルヘルス」　日本産業ストレス学会　産業ストレス研究　21巻　第2号　147-152（2014年4月）

（15）日野原重明、「幸福な偶然」をつかまえる、光文社、2005年

中井宏次（なかいこうじ）プロフィール　（NPO法人健康笑い塾　主宰）

2007年「医笑同源：笑い（ユーモア）で心豊かな歓びのある生活を！」テーマに「NPO法人健康笑い塾」を設立し、生活における笑い（ユーモア）の重要性を啓発活動している。

また、33年間の会社経験を活かし、「笑いと経営」「メンタルヘルスとユーモア」「ユーモア人財育成法」等の研究にも取り組み、経営・人財育成コンサルタントとしても活躍している。一方では、大学では、非常勤講師として、「笑いと健康」「医療コミュニケーション」の講座を担当し、教職としても「笑いと教育」をベースに、これからの人財育成・予防笑学に情熱を注いでいる。また、薬家きく臓の芸名で落語も嗜んでいる。

【座右の銘】　仕事は楽しく　人生はおもしろく

【免許・資格】　薬剤師　日本笑い学会理事　日本産業ストレス学会評議員

【著書】

『笑いとしあわせ～こころ豊かに生きるための笑方箋～』　春陽堂書店

『顔が笑う　こころが笑う　脳が笑う』　春陽堂書店

『笑いと経営～凄いからおもしろいへ～』　明治大学リバティアカデミー

『笑いと社会現象』　ぎょうせい社

【別刷】

「笑いとメンタルヘルス」　日本産業ストレス学会

産業ストレス研究 21巻　第2号　147-152（2014年4月）

笑いとしあわせ —こころ豊かに生きるための笑方箋—

2017年 2月10日 初版第1刷発行

著 者 中井 宏次
発行者 和田佐知子
発行所 株式会社 春陽堂書店
〒103-0027
東京都中央区日本橋3-4-16
電話番号 03-3271-0051
URL://www.shun-yo-do.co.jp

印刷製本 ラン印刷社

乱丁本・落丁本はお取替えいたします。
ISBN978-4-394-90328-4